남은 시간들의 발자욱

최이숙

"내가 사랑받았고
은총 속에 산 것은
성령께서 나에게
가르쳐 주셨도다
주의 참된 평화여
신성한 감격이여
주는 나의 길이요,
진리요, 생명이라"

우연히 흘러나온 성가
뜻이 너무나 은혜롭다.

어떤 현상 속에 있을 때는 모르던 것을
거기서 벗어날 때 느낄 수 있는 것들이 많다.
끝없는 갈구로 치달을 때는 모르던 것을
거기서 벗어나게 되었을 때 느낀다.

요즈음 나의 삶이 여분의 삶이 되고 나서 쓴 글을 모아 보았다.
2022년 12월 코로나에 걸리고 낫지 않아 영양주사를 맞으러 갔다가
당장 큰 병원 응급실로 가라는 말을 듣고 그날로 입원하고, 검사결과 폐암 4기로
전이된 곳이 여섯 군데였다.

퇴원 후 인섭이의 배려로 병원을 오고 가기가 힘든 수백당에서 나 혼자
서울 어린이대공원 근처 아파트로 이사하였다.
자연스럽게 인섭이와 태극권을 하게 되었고 대공원 산책도 하게 되었다.
벌써 2년이 흘렀다.
그동안 적은 글들을 모아 모았다.
마음의 흔적들이다.
아오스딩과 신부님, 수녀님, 사랑하는 많은 분들이 간절히 기도드려주시고 태극권
김진백 사부님과 회원들도 얼마나 따뜻하게 대해 주시는지 모든 게 감사드릴 뿐이다.
요즈음 내가 얼마나 가진 게 많은지 깨닫게 된다.
삶에서 진정으로 바라던 것 사랑하고 사랑받는 것 넘치도록 많은 사랑을 받고 있다.
남은 기간 동안도 소중한 사랑의 발자욱이 되기를 주님께 간절히 기도드린다.

차례

제비꽃 · 006
감사함에 눈물 흘린다 · 008
복수초 · 010
비가 오는 소리 · 012
노을빛 · 014
버드나무 완연히 · 016
하느님이 사랑하시는 딸 · 018
가슴 깊은 곳에서 · 020
아름드리 큰 나무가 · 022
길 · 024
대나무 마디 · 026
눈세상을 · 028
주황색 장미 · 030
꽃분홍 장미 · 032
흑장미 · 034

기쁨의 파장 · 036
봄눈 · 038
백모란 친구 · 040
연록빛 잎들 · 042
산다는 건 · 044
'나' · 046
고흐 · 048
삶이 · 050
언젠가 · 052
태극권 · 054
그리움을 · 056
주님! · 058
두 아우님 · 060
이해받고 있다면 · 062
당나귀 · 064

동강할미꽃 · 066
나의 사랑 클레멘타인 · 068
허무함 · 070
마음밭 가꾸다가 · 072
지금 이 마음이 · 074
모과 · 076
우리집에는요 · 078
오랜만에 · 080
새들은 경계심이 많아요 · 082
마음이 아플 때는요 · 084
우아함은 거짓이고 · 086
얼마나 가슴을 찌르는 · 088
암세포는 예민하다 · 090
70년 여름 · 092
카잘스의 연주를 · 094
이 몸이 다한 후 · 096
그 아이는 · 098

데레사 · 100
백일홍 · 104
며칠 전 · 106
하루종일 · 108
아침 기온이 · 110
코끼리 · 112
그리움 · 114
쇼팽 · 116
치약 · 118
새벽에 · 120
새벽 6시 30분 · 122
6시반 출발 · 126
그가 · 128
4시 30분 잠이 깬다 · 130
참행복 · 132
성 프란치스코 태양의 찬가 · 133

말기암이라는 빛나는 훈장을 달고 산지 11개월이 지난다.
처음 충격에서 서서히 벗어나고
6月 10日 수백당에서 서울 APT로 혼자 이사오고
병원에 다니며 연명의 시간을 보내고
이제 혼자 있는 시간에 진정 자유롭고 편안함을 느낀다
감정의 폭은 많이 증폭되었다
기쁨은 커져 파바로티처럼 노래하고 싶고
슬픔이 밀려오면 슬픔의 나락으로 끝없이 내려간다..
아이들 소리에 큰 기쁨을 느끼고
작은 꽃에 동화된다. 게네들이 하는 말이 들리는 듯도 하다
허긴 제비꽃들이 하는 말은 오래전에 들었었다
1998년 수백당을 짓고 그 다음해 봄, 현초와 강화도에 다녀오다가
길가 밭두렁에 피어 있는 제비꽃이 예뻐서
"얘들아, 우리 수백당에 가서 같이 살자" 하며 정성스럽게
모셔와 꽃방에 심었다.
척박한 땅에 노루귀, 하늘매발톱, 구절초, 아기수선화, 자란 등
많은 야생화들을 욕심껏 심어놓은 사이에 심었는데
장마가 시작되기 전 잡초들을 뽑느라고 보니
제비꽃이 온 꽃방에 퍼져 다른 꽃들이 위험할 지경이

되어 있다. 정신없이 제비꽃들을 캐고 있는데
"내 이럴 줄 알았어" 하는 화난 소리가 들린다. 깜짝 놀라
고개를 들어보니 아무도 없다...
아~ 내가 같이 살자고 모셔와 놓고
이렇게 뽑아 제끼니 화가 난 것이다!
나는 캐 놓은 제비꽃들을 주섬주섬 모아 뒷정원에 심어
주었으나 잘 크지 않았다.

어제는 살고 싶은 마음이 일지 않았는데
오늘은 살고 싶은 마음이 인다
아침에는 살고 싶은 마음이 일어 났다가
오후에는 살고 싶은 마음이 사그라든다
특별히 내세울 성취라고 할 것도 없고
특별히 눈에 띄게 잘못한 것도 없다
다만
마음 깊은 곳에서 올라오는 그리움과 알 수 없는
허망함은 참기 힘들었다
그 모든 것 참고
간간이 그림 그리고
간간이 도자기하고
간간이 책 보고
간간이 음악 듣고
그리고
간절히 기도하였다
내 삶이 허망하지 않기를
내 삶이 위선되지 않기를
내 삶에 사랑이 담기기를

내 삶에 기쁨도 조금 많기를...

그리고
이즈음 감사함에 눈물 흘린다
척박한 마음에 사랑이 고이기 시작한 것을
그때 그때 보살핌으로 잘 살아오게 된 것을
삶의 길에서 사랑하는 사람들을 만나게 된 것을
깊이
깊이
감사드린다

복수초

꽃말 : 영원한 행복
　　　영원한 사랑

봄이 오나보다 하고
꽃방에 나가 이리저리 살펴도
복수초도 아기수선화도 꼼짝을 안 한다
아치울에는 벌써 피었다는데...

봄이 오려면
그 여리디 여린 꽃이
언 땅을 뚫고 올라와
햇살처럼 환한 얼굴을 내밀며 피어나야 되는 양
나는
자꾸만 조바심이 난다

남은 시간들의 발자욱

비가 오는 소리
봄을 재촉하는 봄비
땅을 깨우는 아니 간지럽히는 것 같다.
'아리아'에게 쇼숑의 poem을 들려달라 했다.
한동안 잊고 있던 곡인데 봄비가 오는 이 순간에 듣고 싶다.
데이빗 오이스트라흐의 연주
따사로운 봄 햇살 아래 서 있는 듯하다.
살며시 불어오는 부드럽고 고요하고 아름다운 선율이
공간을 휘돌아 다니며 깊숙이 돌처럼 움직이지 않는 '나'를
건드린다. 간지럽힌다.
이 순간
'나'는 온전히 '나'임을 느낀다.

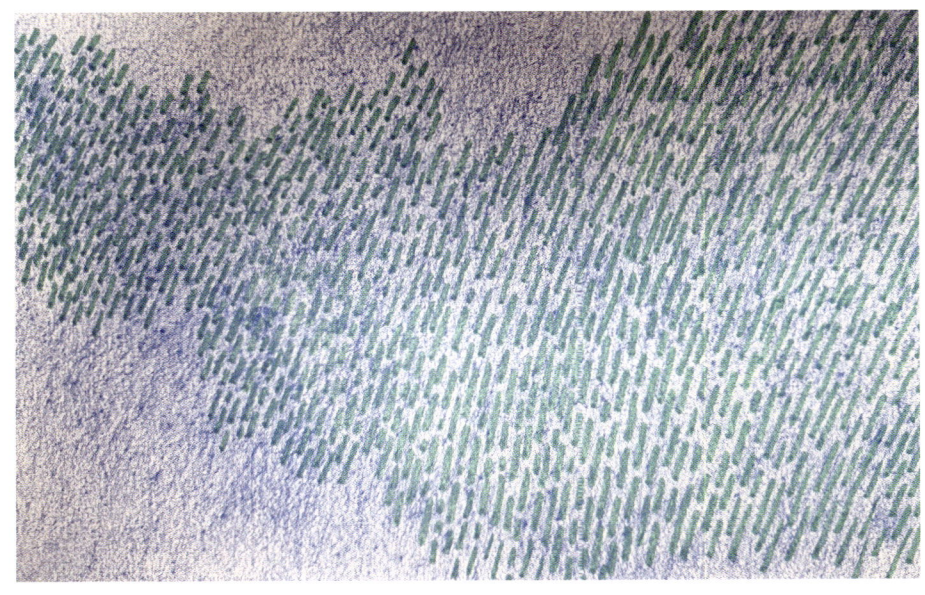

남은 시간들의 발자욱

노을 빛

그 안에

켜켜이 담겨 있는 시간들

켜켜이 담겨 있는 그리움

켜켜이 담겨 있는 눈물

남은 시간들의 발자욱

새벽 대공원
버드나무 완연히 연두빛으로 물들고
산수유 곳곳에서 노오랗게 반짝이며 인사한다.
참 좋다. 깊은 숨을 마시니 상쾌하다.
주님! 너무 좋아요. 많이 많이 기뻐요!
천국이 훨씬 훨씬 좋다고 하는데...
생명이 움터오르는게 그렇게 그렇게 기쁠 수가 없어요.
말로는 주님께 가고 싶다 하면서도
언제 가도 좋다고 하면서도
아마도 이 세상에 더 애착이 가나봐요
봄이 이렇게 좋을 수가 없어요

하느님이 사랑하시는 딸
아버지가 사랑하는 딸
아오스딩이 사랑하는 짝
아이들이 사랑하는 엄마
무엇이 부족한가
내가 사랑하는 '나'
그 '나'는?
'나'는 아직도 안개 속에 가려져 있다
그토록 보기를 열망했건만
아니 아직도 두려워 한다는게 솔직하다
왜, 그랬을까?
진정 하느님을 만나고 기뻐했지 않은가?
그런데 왜 다시 헤메고 있는가?
왜 흔들리는가,
왜?
눈물 콧물흘리며 고백한 것은 거짓이였나?
아니다
분명 내 깊은 내면에서 올라온 확실한 감사였다.

아
이 모든건 과정이구나
흔들리며 가는 과정이구나
그날
그날에는 '나' 흔들림 없이
온전한 의탁으로
온전한 기쁨으로
온전한 감사함으로
가리라
가리라

가슴 깊은 곳에서 올라오는 슬픔

저 깊은 곳에서

미어 터지도록 올라오는 슬픔의 끝엔

아버지가 있다

아버지에 대한 그리움이

눈물이 되어 떨어진다

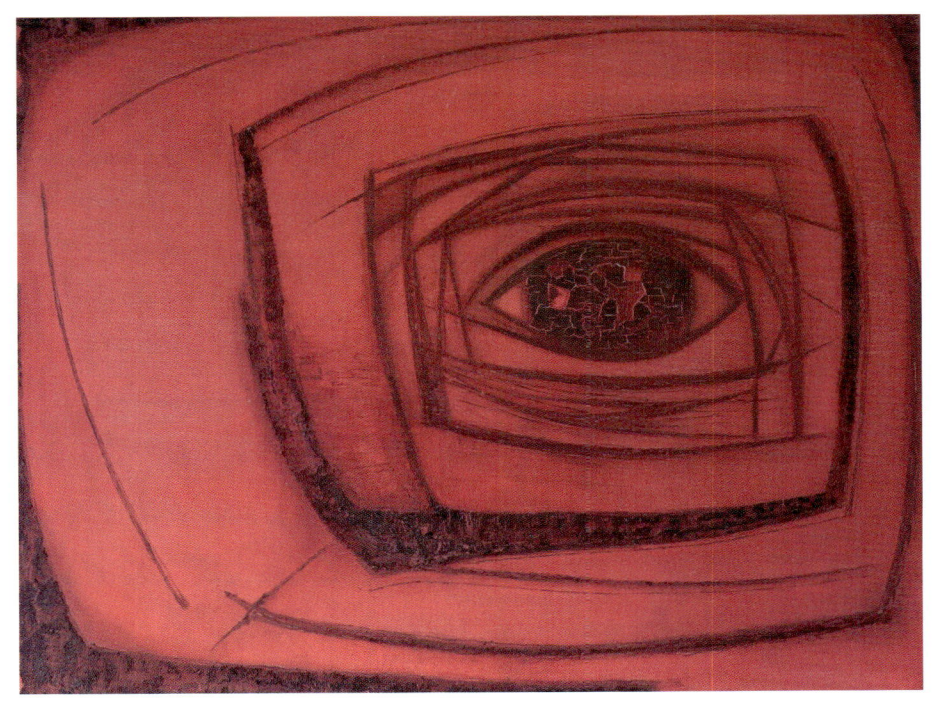

돌아가시기 전날, 마지막 본 아버지의 눈

1999년

동헌 공사 시작할때

그 자리에서 자라던 은행나무를 캐서

한여름 뙤약볕에 한 달 이상 방치하다가

어느 날 우연히 눈에 띄여

그래도 생명인데 싶어

심어준 은행나무

살아서

살아서

아름드리 큰 나무가 되었다

남은 시간들의 발자욱

꽃길만 걸으려고 하지는 않았다
가서는 안 되는 길도 가지 않았다
주님을 따라 걷는 길
그 길엔 많은 만남도 이별도
기쁨도 슬픔도 있었다.
아침 안개 속을 걷는 듯 아득하기도 하고
그리움에 지치기도 하고
그리고 순간 순간 큰 기쁨에 환호하기도 하였다.

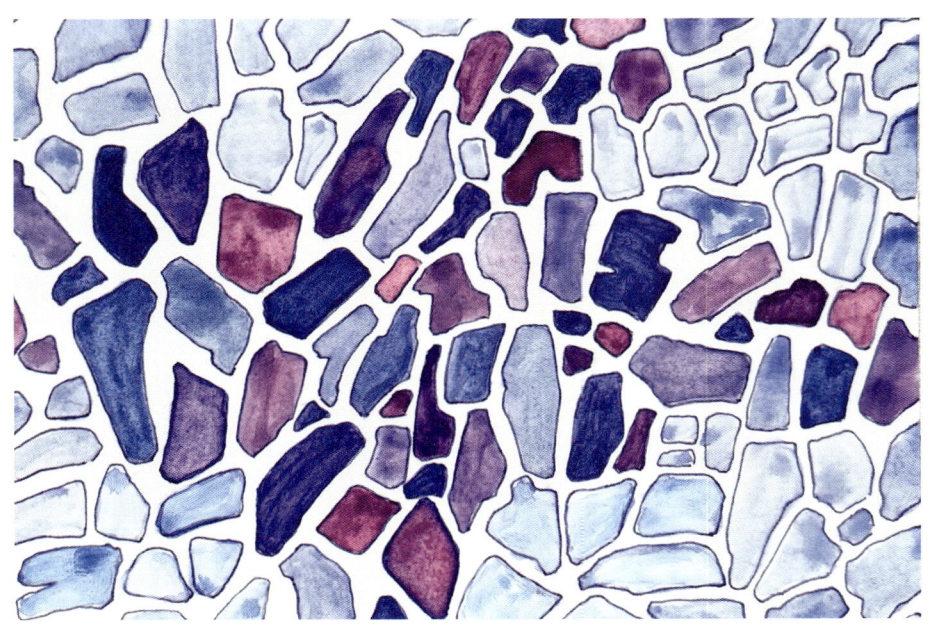

남은 시간들의 발자욱

대나무 마디 정도의 크기는 되어야 한다
올곧음은 공간을 필요로 한다
언제까지나 내 닫을 수는 없는거다
멈춤의 시간이 필요하다
침묵의 시간이 필요하다
대나무 마디 정도의 크기는 되어야 한다

비움도 공간을 필요로 한다
그 공간이 너무 커도
그 공간이 너무 작아도 안 된다
대나무 마디 정도의 크기는 되어야 한다

올곧음을 비움을 지향하기 위해선
뿌리가 튼튼해야 한다
뿌리가 건강해야 한다

남은 시간들의 발자욱

대공원에 산책 나왔어요.
앞에 할아버지 한 분이 팔을 허우적거리며 걸어가네요.
어제 하루종일 그리고 밤새 내린 눈이
하아얗게 눈세상을 만들어 너무 아름다워요.
엄마곰 아기곰 나와서 물 마시고 들어가네요.
"너희들은 북극에서도 사니까 조금 더 밖에서
놀다 들어가지 그러니?" 그냥 들어가는게 마냥 아쉽다.
우리 안에 사니까 어쩐지 너무 안이해 보이기도 하고…
동물원 밖을 나오니 벗나무 터널!
눈을 잔뜩 뒤집어 쓰고 있다.
나는 봄에 꽃이 잔뜩 피어 있는 모습을 상상하며
그 아래에서 마냥 서성거린다.

남은 시간들의 발자욱

주황색 장미

어떻게
그런 색으로 피었니?
그렇게 따뜻하고
그렇게 넉넉하게
보듬어 주는 너는
장미라기 보다
따스한 햇살 같구나!

꽃분홍장미

어쩌라구
나더러
어쩌라구
그렇게
꼼짝도
못하게
어떤 탓도
못하게
사로잡으면
어쩌라구

남은 시간들의 발자욱

흑장미를 보면
몸이 움츠러든다

그 열정이 내 몸으로 옮겨와
나를 태워버릴지도 모르겠다는
불안이 엄습해 오니까~

아니 한순간만이라도
그 열정이 나를 휩싸기를 바라는지도 모르겠다
.
.
.
.
그래
황홀한 맛은 상상으로 족하다

남은 시간들의 발자욱

드디어!
복수초가 피었다
영춘화도 피었다
정녕
봄이 오고 있음을
이미 봄이 왔음을 알린다
기쁨의 파장이
온 마음과
온 몸으로
퍼져 나간다.

남은 시간들의 발자욱

봄이 오고 있다. 아니 벌써 와 있다!
매화가 피고 복수초, 영춘화 피고 산수유 피고 아기수선화 피고
이미 와 있는 거 아닌가.
젊었을 땐 파릇파릇한 새싹들이 부드러운 봄바람에 흔들리며
햇살에 반짝거릴 때 그때에야 봄의 기쁨을 느꼈다.
매화꽃이 피었다고 좋아하는 나이 든 어른들의 기쁨을 함께
할 수 없었다.
개나리 진달래 필 때에도 잔디는 누렇고 바람은 매서웠다.
나이가 들고 나니 산당화, 매화 꽃봉오리 부푸는 것만 봐도
기쁨이 터져 나온다. 그러나, 그러나 봄은 그냥 오지 않는다.
개나리, 진달래, 목련꽃 화려하게 피고 햇살이 따갑기까지 해도
싸늘한 바람과 함께 함박눈이 내리기도 한다.
오늘 몸이 다시 힘들어진 날, 지금 몸이 안 좋은 건
'좋아지는 과정 중 하나이겠지' 하고 생각한다.

남은 시간들의 발자욱

백모란이 예쁘게 핀 사진을 아오스딩이 보내 주었다.

테레사: 같이 산 지 벌써 25년이나 되었네~
정말 세월이 빠르게 지나가는구나.
작년에 내가 보름동안 병원에 입원해 있다가 나와,
며칠 후에 핀 너희들을 보고 얼마나 기뻤는지!
그때 정말 기운이 하나도 없었는데 너희들 보고 활짝 웃었었지!

모란: 네, 저희도 그때 얼마나 걱정했는지 몰라요, 저희 모두요…
소나무를 비롯해 수백당 뜰에 있는 모든 나무식구들이
한마음으로 기도했어요. 아오스딩이 울면서 기도하는 소리를
들었거든요. 지금 서울에 계셔서 자주 못 봐도 꼭 나으셔서
얼른 돌아오셔요. 우리 모두 얼마나 보고 싶은지 몰라요.

테레사:
그래, 그래 알았어
꼭 나아서 같께
나도 너희들 모두 너무나 보고 싶어,
그때까지 너희들도 모두 건강하구.

식탁에서 바라보니
온통 연록빛 세상에 둘러싸여 있다
눈을 크게 뜰 수가 없다
살포시 작게 뜨고
연록빛 여림에 맞추어야 한다
연하디 연한 연록빛 잎들
점점점 점으로 피어나는 싹들!
가슴이 콩닥콩닥 두근거린다
애써 조용히 손을 얹어 가라앉히고
그 여림으로 내려가 잠겨 본다

바람이 부나 보다
가지들이 한들거린다
분명 저 바람도
연록빛 싹들을 사~알 짝꿍 간지럽히지
않고는 못 베기는 게다

- 수백당에서 -

남은 시간들의 발자욱

산다는 건

가슴져미도록

그립고

눈물나도록

아름답다

남은 시간들의 발자욱

이제 다시 '나'를 돌아본다
'나'를 비추고
'나'를 이해하고
'나'를 알아가며
'나'를 다독거려 주고
'나'를 안아준다
'나'를 사랑으로 이끌어 주신 주님의 사랑이
내 모든 삶의 순간순간에
함께 하셨음을
깊이 깊이 느끼며
뜨거운 눈물을 흘린다
척박한 마음에 비가 내린다

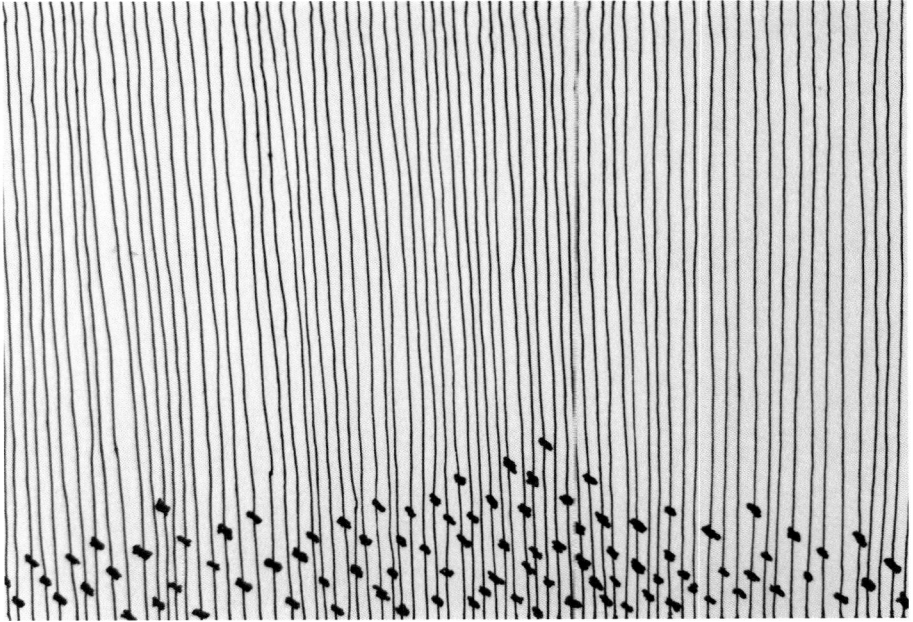

남은 시간들의 발자욱

카톡방에서 Gogh가 그린 꽃그림 40점을
동영상으로 만든 것을 보았다
Gogh, 그는 지금 모든 나라, 모든 사람들에게서
가장 많은 사랑을 받는 작가가 아닐까 싶다
그러나 그의 생전에는 그림 한 점만 팔렸었다
자신의 예술과 현실 사이에서 미쳐간 사람
그도 팔리는 그림에 연연할 수도 있었다
그러나 Gogh는 자신을 포기하지 않았고
세상에 합류하지도 않았다
너무나 열정적이고
너무나 진실했고
너무도 고독했다
어떻게
그렇게
자기 자신을 그릴 수 있었을까?
그가 만약 지금 내 곁에 있다면
너무나 부담스러울 것 같다
힘들어 외면할 지도 모른다
그러나 그의 영혼이 담긴 그림은

영혼의 결정체는 빛이 되어 다가오기에
그대로 흡수된다
'94년도 루브르 박물관 Gogh방에 갔을 때
사방 가득 Gogh의 그림에 둘러싸여(다행히 나 혼자였다)
"당신을 사랑해요"
"당신을 사랑해요" 했다.

삶이 얼마 남지 않았다는 건
그 기간이 얼마가 될지는 몰라도
상당히 긴장되는 일이다.
아직도 사람들에게 잘 보이고 싶고
좋은 사람으로 생각되어 지기를 바라지만
많이 많이 자유로워졌다.
좀 더 '나'에게 집중한다

발표하기를 수줍어 하던 어린 소녀는
이제 '폐암 말기'가 된 할머니가 되어
'뻔'스러워졌다

남은 시간들의 발자욱

말기암 환자로 살아가고 있는 나
내 입장에서는 "두 발로 설 수 있을 때 떠나고 싶어
무릎 끓고 살고 싶지는 않아"하면서 죽음을 선택한
브라이언의 마음이 절절하게 와 닿는다
그렇다고 내가 브라이언과 같은 선택을 하지는
않을 것이다
언젠가 떠나는 건 모두가 같다
나이가 들면 그 생각이 스치듯 왔다가 가기도 하고
확연하게 느껴지기도 한다
그러나 나는 그때가 언제가 될 지 모른다
다시말하면 그때가 언제가 되는지 더욱 궁금해지는 것이다.
살고 싶은가?
깊이 성찰해 본다
살고 싶지 않은가?
얼마나 나 자신을 속이고 있는지 성찰해 본다
사는게 두려운가?
한밤중 너무나 아퍼서 잠 못 이루고
육신에 갇혀 있는 나를 탈출하고 싶은 그 고통이
무섭다
두렵다

꽃비를 맞으며
꽃비를
날리며
너를
생각한다
너를
보낸다

이제 태극권 배운지 10개월이 지났다 보다
너무나 어려웠다.
몸을 움직이는 것도, 하나 하나 외우는 것도
힘이 드는데, 무엇보다 너무나 생소한 느낌이 드는 거다.
무얼 배울 때 이렇게 생경스럽고 힘든 적이 없었지만
인섭이가 너무도 열심히 챙겨주고
사부님의 배려로 할 수 밖에 없었다.
처음 사람들과 같이 소나무 숲에서 태극권을 할 때
나는 비록 흉내내느라 정신이 없었지만
그 고요함 속에서 천천히 천천히 움직이며 모든 회원이
함께 할 때, 그 고요함, 그 평화로움이 너무도 좋았다.
집에서 나름 열심히 수련도 하고
조금씩 나아지는 것도 같고
인섭이도 잘 한다 하고
태극권을 하고 나면 머리 밑 아픈 것도 좀 가라앉고
몸이 제자리를 찾는다고 할까 편안해지는 것을 느꼈고
이렇게 계속하면 잘 할 수 있을 것 같았다.
그런데 요즈음
내가 얼마나 제대로 못하고 있는지가 보이는 거다.

오 맙소사!
알면 알수록 너무 어렵고 너무 깊고
도저히 안 될 것 같은 생각이 드니 풀이 죽을 수밖에 없다.
오늘 수련 후 못해서 속상하다고
사부님과 오 선생님께 말했더니 오 선생님이
"여기 30년도 넘게 한 분들도 계셔요" 한다.
이제껏 성실하게 다녀온 경험이 없는 나는
'아! 내가 도둑놈 심보를 가졌구나' 했다.

순간도 영원이 되기를 꿈꿀까?

그리움을 아는 사람만이
-괴테-

그리움을 아는 사람만이
내 아픔을 안다
모든 기쁨을 멀리하고
홀로 나는 저편
먼 하늘을 바라본다
아
나를 알고 사랑하는 사람은
저 멀리 있구나!
나는 어지럽다
속이 탄다
그리움을 아는 사람만이 내 아픔을 안다

최연숙 역

남은 시간들의 발자욱

주님!
주님께 가기를 주저하는 거 아니예요.
주님께 가기에 제가 너무나 부족하고 죄인인 것
다는 몰라도 조금은 알고 있어요.
그래도 그거 때문에 주저하는 건 아니에요.
그리고
이렇게 아름다운 봄을 다시 보고 싶은 욕심
때문만도 아니에요.
주님!
아이들과 헤어지는게 너무나 아퍼요.
가슴이 찢어지는 것 같아요.
아오스딩도요.
그래도 아오스딩은 워낙 강하고 주님께 온전히
의탁하니까 힘들어도 희망을 품고 견디어 내겠지요.
모두 잘 견디어 내도록 도와주세요.
그런데 주님 제가 문제에요.
너무나 너무나 아퍼요.
저 좀 도와주셔요. 주님!

남은 시간들의 발자욱

헬레나, 라파엘라 두 아우님을 만났다.
선물로 받은 나태주 시인의 시집을 보니
참으로 맑고 소박하고, 평온하게, 정직하게
자신을 바라본다.
시인의 샘물을 한 모금 마시니
맑은 하늘가 별빛의 기쁨이 파장을 일으키며
척박한 내 마음 안으로 들어오고
두 모금 마시니
이른 새벽 나뭇잎에 매달린 이슬방울이 되고 싶고
세 모금 마시니
시냇물이 내 안에서 졸졸졸 흘러내리고
소슬바람이 살랑살랑 불어오고
햇살이 그 밝은 얼굴로
웃으며
웃으며
나에게 다가오는 듯하다

남은 시간들의 발자욱

누군가에게 이해받고 있다면

나의 약점까지도 이해받고 있다면

사랑한다는 말을 듣는 것보다

훨씬 더 큰 위로를 느낄 것 같다

사랑만으로

자신의 한계 안에서

죽도록 사랑한다고

말할 수 있으니 말이다

대공원, 토, 일요일 새벽에 태극권을 한다
추운 겨울 지나고 봄기운에 마음이 여유로워 진다
멀리서 다른 그룹에서 운동하는 소리도 친근하게 느껴진다
까치소리도 요란하다 딱새의 아름다운 소리도 더해진다
당나귀 울음소리도 가끔 들린다
말에 비해 너무나 왜소하고 꾀죄죄하다
태어나고 어느 누구도 씻어 주지 않았나보다
예수님이 예루살렘 입성하실 때 타고 가셨던
당나귀를 연상케 하며 마음을 아리게 한다
그 당나귀가 울 때가 있다
그런데 그 울음소리는 굉장한 울림이 있다
몸통 전체를 오무렸다가 펼쳤다가 하면서 내는 소리는
왜소하고 꾀죄죄한 몸집에서 나오는 소리가 아니다
그 소리는 크고 폭이 넓고 당당하다 마음속으로 파고든다
내 존재가 결코 왜소하지 않다고
결코 꾀죄죄하지 않다고 하는 듯하다

2025년 왼쪽: 옹키(엄마) 17살   오른쪽 동키(딸) 9살

예수님 부활하신 날
때 맞추어 수백당에도 꽃들이 피어 오른다는 소식이 전해온다.
왕수선화, 매화, 진달래, 미선나무, 히야신스, 히어리, 동강할미꽃
25년 전 조경하시는 분이 심어준 꽃들도 있었는데 그중에 모르는 꽃이 피었었다.
짙은 보라색으로 꽃모양은 할미꽃인데 고개를 숙이지 않고
꼿꼿이 얼굴을 들고 있다.
'어머 넌 고개를 들고 있네? 서양할미꽃이구나. 서양할머니들처럼 꼿꼿하게 서 있는 걸 보니'했다
그러다 몇 해 뒤 어느날 TV에서 그 꽃이 동강할미꽃이고
우리나라 야생화인걸 알게 되었다 이름도 정겹다 동강 할미꽃
이제는 번져서 꽃방에 7,8포기가 살고 있다.
현초에게 내가 '반갑다고 인사한다고, 사랑한다고'
전해달라고 했다.

"넓고 넓은 바닷가에 오막살이 집 한 채
고기 잡는 아버지와 철 모르는 딸 있네
내 사랑아 내 사랑아
나의 사랑 클레멘타인
늙은 아비 혼자 두고 영영 어디 가느냐"

아버지가 배워 준 노래 이 노래 하나
아마도 5~6살 때였을 것이다
이 노래가 가끔 떠 올라 부르게 된다
늙은 아비 혼자 두고 영영 어디 가느냐에서
아픈 아버지 두고 결혼해 떠나 온 나와 연결되며
내가 철없는 딸 클레멘타인이구나 싶다
불쌍한 아버지! 얼마나 답답하셨을까!
모든 것 견디어 내시고
한없이 기다려 주셨다.
그리고 아버지는 돌아가신 시간에
아오스딩 꿈에 나타나시어
"이숙이 잘 부탁한다" 하셨다

남은 시간들의 발자욱

40대 접어들면서 내 존재의 근원에 대해 고민하기 시작했다.
물론 고등, 대학교시절에도 삶의 허무함을 느꼈고
절대 허무함도 깊이 느꼈다. 결혼하여도 허무함은 나를 떠나지
않았고 아이들과 정신없이 바쁠 때는 멀리 떠나 있다가도 한가한
시간이 되면 찾아오곤 했다. 토머스 머튼을 좋아하던 시기였다.
마침 성당에 트라피스트 수도원 신부님이 오셔서 한국에도 생겼다하고
강론이 너무 좋아 방배동에서 구파발까지 전철 타고, 거기서 택시 타고
찾아가곤 했다. 처음 듣는 수사님들의 기도소리, 너무도 맑고 아름다웠다.
여자 혼자 어디 갈 수도 없는데 안전한 곳이니 시간이 될 때면 찾아가
조용한 시간을 보내곤 했다. 작은 도랑 속 작디 작은 물고기들이 노는 모습,
햇볕에 반짝이는 물결, 어느 날 초봄 예수님 성상 앞에서
기도하고 있으려니 어디서 소나기 한 두 방울이 떨어지는 소리가
난다. '뚝. 뚝. 뚝', 눈을 떠 보니 햇살도 쨍쨍하다. '소나기 소리가
아니네' 하며 둘러보다가 아!, 언 땅이 녹으면서 나는 소리구나!
마음 속으로 물결이 일며 깊은 곳에서 울림이 퍼져 나갔다.

지나가기를.........

마음밭
가꾸다가
진달래 피고
꿩 날아 오고
고라니
키우는 채소
뜯어 먹고
직박구리
아침 깨우고
호반새, 꾀꼬리
큰재개구마리
후투티 놀러오는
금남리
야산 중턱에
집 짓고
텃밭 가꾸고
꽃이 좋아
꽃밭 가꾸고
나무들과

이런 이야기
저런 이야기하고
달빛에
취하기도 하고
마음이 들려주는
그림도 그리고
노래도 부르고
주님께 감사, 감사
기도드리고
살고 지고
살고 지고

오늘 지금 이 마음이 어제와 같을 수 없고
내일 나의 마음이 오늘 이 마음과 같을 수 없다
어제는 돌덩어리 같았는데
오늘은 솜털구름 같고
어제는 슬픔의 나락으로 내려 갔는데
오늘은 새처럼 시냇물처럼 재잘거린다
변함없는 마음은?
처음부터 그런 질문을 하지 말자
구름같은 마음을 틀에 가두지 말자
어차피 가두어지지 않는 것
끝없이 변하고 한없이 움직인다
그냥
편하게 놓아두고
기다리면, 기다려 주면
제풀에 가라앉아
제 자리를 찾을 때가 올 것이다

남은 시간들의 발자욱

가을 들판은 온통 축제로 화려하다
절정을 지나 나뭇잎들이 떨어질 때 연두빛 커다란 열매를
힘겹게 매달고 있는 나무가 있다 모과나무다
생김새는 울퉁불퉁 크기는 또 얼마나 큰지, 얼마나 딱딱한지
칼도 잘 들어가지 못한다 달콤한 맛도 수분도 없다
그러나 그 향기는 얼마나 향긋하고 달콤한지!
그 모과가 봄에 꽃봉오리일 때 얼마나 매력적인지 모른다.
정작 꽃이 피면 거의 하얀색인데 꽃봉오리는 진한 꽃분홍색이다
꽃봉오리와 모과열매 달라도 너무 다르다
연관성이 전혀 없어 보인다

"너, 정말 모과꽃봉오리 맞니?"
"응, 나 모과꽃봉오리야 맞아
너도 아이였을 때 얼마나 예뻤니
사람들이 꼭 깨물어 주고 싶다고 했잖아-"

"어머나 맞아
오래전에 그런 말 들었었지
그렇구나
나도 살아오는 동안 많이 변하긴 했지"

모과 꽃봉오리

아! 모과나무는 꽃분홍 꿈을 안고
봄, 여름, 초가을 내내 힘든 시간을 견디어 내면서
간신히 울퉁불퉁한 모과를 맺었었구나
꽃분홍 꿈을 이루려고 애쓴 시간들이 향기로운 향으로
승화 되었구나!
그 모과를 방에다 두면 온 방이 향기로 가득하고
꿀과 함께 담근 잘 숙성된 모과차는 깊고 그윽하고
달콤한 기쁨이 되어 목을 타고 내려간다.

"모과야, 미안해
난 너가 못생겼다고 많이도 흉을 봤는데
너의 그 깊은 속마음도 모르고
겉모습만 보고 말한 나를 용서해 주렴!"

"괜찮아 괜찮아,
나는 내 향기가 좋아서 기뻐하는 모습을 보면
그 모든 어려움은 다 잊어버리고
기쁨만 가득해 지는 걸"

모과 열매

우리집에는요
구름도 머물다 한참 놀다가고요
바람도 불다가 사알짝 놀다가고요
보슬비, 이슬비, 가랑비, 여우비
소낙비, 장대비 왔다가고요
달님은 숲 속에서 물방에서 놀다가
심심하면 숨바꼭질도 하고 가고요
그런데요
내 님은요
주님은요
언제까지나
언제까지나
머물러 계세요

남은 시간들의 발자욱

오랜만에
알락할미새가 놀러 왔네요
몇 년 만인지 모르겠어요
그 전에 왔었던 새인지 아니면
그 새끼인지, 그 새끼의 새끼인지 모르지요
새들은 참 놀라워요
일 년에 꼭 한번 가을에 팥배나무 열매가
달리면 어디서 날아오는지 100여 마리도
넘는 큰재개구마리 새들이 떼를 지어 날아와서
열매를 먹고는 우리집 위를 날아갔다가 다시
돌아오고 다시 날아갔다가 돌아오고를 계속
반복해요. 꼭 고맙다고 에어쇼를 선물 해주는
것 같다니까요.

새들은 경계심이 참 많아요
친구가 될 뻔 했는데 내가 망쳤지요.
새에 대해 너무나 몰랐거든요.
수백당 짓고 꾀꼬리들이 그렇게 예쁜 꾀꼬리들이
놀러 왔었지요. 노래소리는 어떻게요. 그렇게
아름다울 수가 없었어요. 자연히 나도 흉내라도 내서
같이 놀고 싶었어요. "~~~~, ~~~~, ~~~"
여러번 여러번 흉내내다 보니 그럴듯하게 되더라구요.
어느 날 멀리서 꾀꼬리 소리가 들렸어요. 그래서
연습한대로 흉내를 내 봤어요. 어머, 그 중에 한 마리가
마당 앞 모과나무에 앉았어요. 나는 식당의자에 앉아 노래를
불렀어요. "~~~~, ~~~~" 그랬더니 글쎄 식당을 향해
천천히 천천히 날아오면서 쳐다보는 거였어요.
쳐다보면서 천천히 날아갔어요. 그리고는
다시는 다시는 꾀꼬리를 볼 수 없었어요.

호반새 이야기도 해야돼요. 너무나 가슴아픈 이야기거든요.
현초와 이내의 수백당 이야기에도 썼지요. 그렇게 호반새와 같이
노래하고 난 뒤, 사흘 뒤에 작업실에서 작업에 열중하고 있는데

호반새 소리가 났어요. '어디일까?'하며 앞을 보니 오동나무 잘라준
곳에 앉아서 저를 쳐다보고 있는거에요. "어머, 너 거기 있구나!"
호반새는 내 말을 알아 들은 듯이 고개를 돌리며 아는 척을 했어요.
"호반새야! 너 너무 아름다워, 너무 아름답구나!"하며
기쁨에 넘쳤어요. 그대로 기쁨을 누려야 되는데
그 다음 순간, 이 장면을 사진 찍고 싶은 생각이 드는 거에요
마침 핸드폰도 손이 닿는 곳에 있었어요.
천천히 천천히 핸드폰을 잡고 찍으려는 순간,
호반새는 후루룩 날아가 버렸어요.
"아!!!"
뒤늦게 후회했지만 호반새는 다시는 안 왔어요.
그 뒤로 한 번도 안 왔어요.

남은 시간들의 발자욱

너무나 마음이 아플 때는요

아픔을 떼어 내세요

그리고 마음을 붕대로 싸 주세요

봉숭아 찌어서 붕대로 감싸고 기다리듯이

마음이 다 나아질 때까지 기다리세요

그러면

봉숭아 곱게 물든 손톱처럼

곱고 예쁘게 아물거예요

그거 알아요? 봉숭아물도 한 번 해서는 안 된대요

여러 번 해야 진짜 예쁜 빠알간 색으로

물든다고 해요

2024.4.25.

우아함은 거짓이고
아름다움은 헛것이지만
주님을 경외하는 여인은 칭송을 받는다
- 잠언 31,30 -

훌륭한 아내를 칭송하는 글인데 젊은이들에게는 시대착오적인 말씀으로 들릴 것도 같다.
이 글을 읽는데 느닷없이 프라타나스가 생각난다.
아무런 특징도 매력도 없다.
어느 누구도 프라타나스에게 매력적이라고 예쁘다고 다정하게 말해 주지 않는다.
그러나 그 큰 잎으로 시원한 그늘을 만들어 뜨거운 대지를 식히고 그 그늘은 사람들을 시원하게 해 준다. 꼭 자신의 본분에 충실한 여인과 같다.
몇 년 전 저쪽 밭 한 귀퉁이에 어느새 컸는지 둥치는 아주 가느다란데 키는 20m도 넘는 프라타나스가 서 있었다.
밭에 갈 때마다 저렇게 큰 나무가 넘어지면 어쩌나 너무나 가늘고 높아 꼭 넘어질 것 같았다.
조경하는 분들이 왔을 때 부탁하여 잘라 버렸다.
그런데 어린이 대공원에 와 보니 아름드리 프라타나스가 그렇게 멋지게 많이 있는게 아닌가!

양심이 찔려 왔다.
떨어진 프라타나스 잎을 주워 그 형상을 도자기로 구워 보았다.
다행히 작고 귀여운 프라타나스 잎이 되어 나왔다.
미안함이 조금 누그러진 것 같이 느껴지는 건 온전히 나의 감성일 뿐이겠지만 이제 프라타나스와 가깝게 느껴지는 건 어쩔 수 없는 것 같다.

But be doers of the Word,
and not hearers only,
deceiving yourselves.

얼마나 가슴을 찌르는 말인가!
듣는 건 너무나 많이 듣고
수준이 낮은 건 성에도 안 차고
또 기가 막힌 일은 그럴듯한 뜻 깊은 말을
듣고도 더 듣고 싶어한다는 거다
마음에 와 닿기도 힘드는데
마음에 와 닿는다 해도 그대로 행하지도 못한다
자신을 속이고 있는 것이다

남은 시간들의 발자욱

암세포는 예민하다
아니 엄청 교활하다
증상이 잠잠해지면 내가 정상인 줄 착각하게 하고
조금만 방심하면 여기 있다고 활개를 펴고 설쳐댄다
성질과 같다
언제나 있는 줄 알면서도 잠잠하면 잊어버리게 되고
성나면 포효하며 자신의 존재를 알려 준다
그런데
잠잠히 다시 생각해 보니
내가 어리석어 착각하고 있는 것이지
암세포는 자기 생리대로 움직일 뿐
그 이상도
그 이하도 아닌 것이다

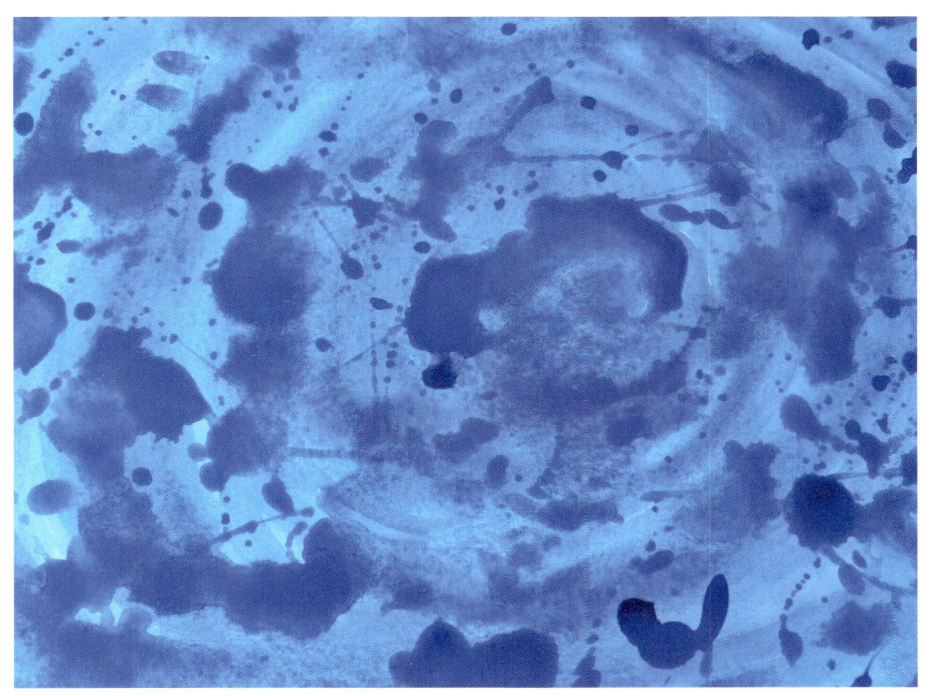

남은 시간들의 발자욱

70년 여름 아버지 병실은 지인들이 보내온 화분들로 가득했었다.
어디선가 달콤하고 향긋한 향에 이끌려 가보니 다른 화분들 사이로
눈에 띄는 하얀 꽃이 보인다.
처음으로 본 하아얀 치자꽃은 너무나 정갈하고 귀해 보였다
슬픔으로 가득한 마음에 스며들어 오는 맑은 향. 치자꽃 몇 개가
그 넓은 병실에 돋보이고 싶은 마음도 없이 은은하게 편안하게 피어 있었다.
그 후에도 치자꽃만 보면 슬픔과 감미로운 향기가 함께 밀려 왔고
차차 세월이 지나 키워 보고 싶은 마음에 화분을 몇 번 사서
마당에 심어 보았으나 따뜻한 지방에서 자라는 나무라 겨울을 나지 못했다.
내 집 마당에 치자나무를 키울 수는 없으나
치자꽃 향기는 그윽한 그리움이 되어 여름에 치자꽃을 볼 때마다
가슴 깊숙한 곳을 건드린다

〈기쁜소식〉
키워보고 싶은 마음에
지난해(2024년) 가을에
문방뒤뜰, 바람을 막아 주는 곳에 심고 짚으로 잘 싸주었는데도
봄에 싹이 나지 않아 죽은 줄 알았던 치자나무에서 뒤늦게 이 여름에 싹이
나왔다고 아오스딩이 전해준다!!!

키우던 치자나무

2025년 7월초

카잘스의 연주를 듣는다 그는
스페인 프랑코 정권에 대항한 댓가로 40여 년간
공개연주를 금지 당한다.
하루 8시간씩(말년에는 6시간) 연습했던 카잘스
그가 외치는 소리. 아니 속에서 터져나오는 절규가 들린다
Peace! Peace! Peace!
새의 노래 카탈루냐 지방의 민요
카잘스를 통해 울려 나오는 첼로의 멜로디
저 깊은 곳에서 끌어올린 독백이다
30여 년 전 작은 화실에서 듣던 그 멜로디
슬픔도 회한도 모든 것 지나간 뒤에 찾아오는
평화의 소리가 흐른다

구음도 그때 들었다
저 깊은 곳에서 터져 나오는 야성의
절제되고 통제된 외침소리
한과 체념이 교차한다 가사가 없다
김소희의 구음! 처음 들어던 때의 전율이 생생하다
아~~~~ 으~~~~ 이~~~~ 어 어 으

아~~~~ 으~~~~ 으~~~~ 으~~~~ 어
이~~~~ 어 어~~~ 어~~~
아~~~ 이~~~
아~~~ 으~~~ 아~~~ 으~~~
으~~~ 어~~ 이~~~~~~~~어 으 ~~~~~~
아 ~~~~ 어~~~~
아 ~~~ 이~~~ 이~~~ 아~~~ ~~~ ~ ~ ~ ~

아! 삶의 덧없음이여
이어서 사물놀이의 연주가 보태진다 삶은 한스러운 것이다
그러나 거기에 신명도 있고 생기도 있다.
아~~~~ 어~~~~ 사물놀이와 어우러져
이 모든 무상함에도 불구하고 기쁘게 살아보자꾸나
모두 같이 잘 살아보자꾸나 한다.

이 몸이 다한 후
마음만 남게 될 때, 무엇으로 남을까?
그리움일까? 그 절절함으로 끓어오르며 때론 감미롭게
끝간데를 모르고 날아 올라간다.
기쁨일까? 순간 순간 큰 기쁨, 환희로 눈물로 감사드렸다.
슬픔일까? 가슴 저 밑바닥에 고여 있다가 몰아칠때는
이 작은 몸을 흔들어댔다.

지금 이 마음으로 주님께 간다면?
한마음으로 주님을 사랑했다고 말할 수 있을까?
한마음으로 '나'를 사랑했다고 말할 수 있을까?
한마음으로 아오스딩을 '아이들을' 사랑했다고 할 수 있을까?
분명 사랑했고 지금도 사랑하고 있건만
아무 것도 느낄 수 없음은 왠일일까?

이별을 준비하고 있나?

문득 문득 어디 아무도
없는 곳에 가서 목 놓아 울고 싶다
그 많은 사랑에도
그 많은 배려에도
이런 마음이 드는 건 왜?
    왜 그럴까?
   죽음을 앞두고 있어서?
    죽음이 실감나지 않는데도?
표면적으로는 모르는 채 해도
그래도
내 안에서는 죽음을 감지하고 있나?
애타게 살고 싶지도 않은데
애타게 슬프지도 않은데
  왜? 왜 그럴까?

그 아이는 울고 있었다
눈물은 흐르지 않았지만
충혈된 채로
문지르기만 하고 있었다

그 아이는 울음을 참고 있었다
오랫동안 참고 있었다
충혈된 채로
문지르기만 하고 있었다

남은 시간들의 발자욱

데레사: "난 평생 어떤 목표가 없이 살아온 것 같아"
A: "좋은 사람이 되려고 노력했잖아"
T: "허긴 그렇긴 하지요"
나이 76세가 되어 이제 와서 목표가 없이 살아왔다는 게 문득 생각이 난다.
그때 그때 해야 되는 일에 이끌려 살아온 것 같다.
어이없는 일이지만 그렇다.
뚜렷하게 무얼 이루려고 온 힘을 다해
노력한 적이 없는 것이다.
내 안에 진실됨이 너무도 부족한 걸
메꾸려고 진실된 사람이 되려고 무척
애를 쓴 건 사실이다.
참 많이도 시행착오를 하였다.
내 안에 진실됨이 있는 걸 모르고
'나'를 사랑하기보다
'나'를 부정하고 억압하고 참고 또 참고
잘못된 것을 떨쳐 버리려고 한 것 같다.
간간이 올라오는 성질은 나를 부정하는 것을
더욱 부추겼다. 그 세월이 50여 년이다.
나는 완전히 마모되었고 완전히 힘을 잃었었다.

그즈음 기도 중에 주님이 내 삶의 모든 시간 속에
나를 사랑으로 이끌어 주심을 느꼈다.
눈물, 콧물로 감사드렸으나
나의 잘못된 습관적 사고는 완전히 바뀌지 못하였고
긍정과 부정을 오락가락하고 있다.
이렇게 아픈 중에도 낫고 싶은 마음과
포기하고 싶은 마음이 오락가락하는 것이다.
무엇이 삶의 궁극적 목표일까?
'나'를
주님을
이웃을 온전히 사랑하는 것
그것이 그 무엇보다
삶의 진정한 의미를, 목표를 깨닫는 것이리라.
내 안에는 없는 아니 있으나 너무나 미약하고
너무나 왜소하여 없는 것과 마찬가지인 사랑으로
온전히 사랑하는 건 너무나 힘든 일이리라.
오 주님!
저 혼자 힘으로는 어림도 없습니다.
제 삶의 모든 순간에 함께 하시어

주님을
제 자신을
가족을
이웃을
마음을 다하여
사랑하게 도와주소서
사랑하게 도와주소서

남은 시간들의 발자욱

대공원 산책하며
온갖 색들로 화려하게 피어 있는 백일홍 꽃들을 본다
어느새 내 눈동자는 꽃들의 아름다움으로 물든다
기쁨이 온몸으로 번져 나간다
그 기쁨은 사랑의 눈길이 되어 백일홍꽃들을
그윽하게 바라보고 있다.
꽃들을 보는 기쁨!
그 안에는 무한한 사랑이 함께 한다

남은 시간들의 발자욱

며칠 전
FM에서 어느 분의 글에 감동하여
이재후 아나운서가 읽어 준다
가을은 하늘에서 올 때는 뭉개구름을 타고 보고
땅에서 올 때는 귀뚜라미의 등을 타고 온다고...
어제, 오는 길에는 더 많은 나뭇잎들이 뒹굴고 있고
떨어진 은행들에서는 꼬린 냄새가 진동하고 있다
가을을 겪고 있는 나무들은 또 다른 생명으로
태어나기를 희망하며 열매들을 떨어뜨리고
봄이 오기를 희망하며 나뭇잎들을 떨어뜨리리라
아! 나는
이 가을에 무엇을 희망하며
나의 나뭇잎을, 나의 열매를 떨어뜨려야 하나!

남은 시간들의 발자욱

하루종일 아파트에서 지내다 낮잠을 자고 나니
5시 50분이다. 서서히 박제되어 가고 있는 느낌이 든다.
밖에서 아이들 노는 소리에 잠옷을 벗고 주섬주섬
운동복을 입고 나오니 놀이터에서는 아이들과 엄마들이 놀고 있다.
그들의 생기가 숨으로 들어오는 듯하다
신호등 건너 걸어가다 깜짝 놀라 보니 딱딱한 까만 비닐
같은 것이 꼭 뱀처럼 꼬부라져 있다. '휴, 엄청 놀랐네'
대공원 내리막길을 가다가 나도 모르게 "꽥" 소리를 질렀다.
황소개구리인지 두꺼비인지 누우렇게 생긴 것이 천천히
기어가고 있다. ㅠㅠ
축구장에서는 씩씩한 함성소리가 들리고
후문 쪽에서는 놀이기구 타는 사람들의 꺅꺅 소리가 난다.
내려오는 언덕길, 60대로 보이는 나이든 여인들이
활기 있게 웃으며 마주 온다.
'참 보기 좋구나!'
순간 혼자인 것이 깊이 느껴진다.
가까이에 마음 맞는 친구가 있어 같이 산책하면
얼마나 좋을까!
열린 분수대에서 음악소리가 들려오고

발걸음은 조금씩 생기를 띠고 빨라진다.
무지개빛 조명과 함께 흘러나오는 음악소리에
맞춰 분수는 이리저리 흔들리며 조용히 가라앉았다가
위로 치솟고를 반복한다.
분수대 둘레에는 아이들이 엄마와 함께 혹은 아빠와
함께 와서 분수에서 튀는 물방울을 맞으며 이리저리
뛰어다닌다.
나는 자리에 앉아 하염없이 바라본다.
서서히 곡에 따라 손가락도 움직이고
발도 박자를 맞춘다.

아침 기온이 영하로 내려가는 늦가을에
노오란 장미와 빠알간 장미가 너무도 예쁘게
화알짝 피었다!
7, 8년 전쯤
선물로 받은 노오란 장미꽃 한 송이
마른 꽃도 버리기 아까워 그냥 두었더니
뿌리가 나왔다!
'어머나'하며 봄에 꽃방에 심었었다
잎이 나기 시작하고 그해 늦은 여름에
너무도 예쁘게 한 송이를 피워
그 감격, 그 기쁨은 너무도 컸었다
빨간 장미도 사서 뿌리를 내려 심어주었다
꽃방에도 심고 모과나무 밑에도 심고
재미가 나서 그 후에도 심었는데
빨간 장미만 성공하여 잘 크고 있다
키가 크고 대가 굵은 오래된 장미보다
너무도 볼품은 없지만 내 눈에는
어쩜 그렇게도 귀하고 예쁜지!
2025 올해는 노랑장미에서 여덟 송이가 동시에 피어나고 있다!!!

남은 시간들의 발자욱

어린이 대공원,
단풍이 들기 시작하니 낮 산책이 즐겁다
우선 빠알갛게 단풍 든 쪽으로 돌아
분수대를 돌아 벚나무길로 천천히 걸어간다
평일인데도 여기저기 아이들과 엄마, 할머니,
아빠들이 함께 나와서 노는 모습이 넘 좋다
팔각정을 지나 동물원 쪽으로 내려가니
코끼리가 나와서 놀고 있다
녀석은 나를 한참 동안 쳐다보고
나랑 눈인사도 해 준다!
감격으로 기쁨이 번져 나간다
한동안 바라보니 코끼리 눈썹이 어쩜 그렇게 긴지
3cm도 넘어 보인다 그 큰 덩치에 긴 속눈썹!
매력 포인트다

남은 시간들의 발자욱

〈그리움〉
떨어진 나뭇잎들
더러는 땅으로 스며들고
더러는 빗물따라 강으로 바다로 가
땅이 되고
바다가 된다
형체는 없어져도
마음만은 남아
땅 속 깊은 곳에서
그 옛날 즐겁게 재잘거리던 친구가 그리워
땅속을 뚫고 새싹으로 태어나
작은 꽃으로 들풀로
나무로 자라난다
바닷물도 그리움으로 파도가 되어 끝없이 철썩이다가
뜨거운 햇살 아래
물방울이 되어
가랑비로
보슬비로
장대비로
때로는 싸락눈으로 함박눈으로 내려온다
하염없이 내려온다

남은 시간들의 발자욱

쇼팽, 녹턴 No.2
하늘로 하늘로 치솟아 올라가다가
가슴속으로 가슴속으로
휘돌아 휘돌아 져며 드는데
끝없이 내리는 눈에도
끝없이 내리는 비에도
가라앉지 않고
끝간데를 모르고 올라간다
거기에
나를 휘몰아치는 거기에
나는 있다
아니
나는 없다

마음 속 돌덩어리 또 올라왔다

말도 안되는 소리로
심연의 밑바닥 깊숙히 가라 앉아 있던
돌덩어리를 건드린 것이다

나를 부수는 줄도 모르고 꽂아 내려고
녹아내려고 하였다

결국 내가 지치고 포기한 후에야
너는 나의 일부임을 인정하고
나는 너에게서 조금 풀려날 수 있었다

잔잔한 바다 속 바위는 떠 오르지 않았는데
풍랑에, 너의 상처를 건드린 풍랑에
그냥 올라와 버렸구나

남은 시간들의 발자욱

저녁먹고 양치질하며
치약이 거의 다 되어 꼬오옥 눌러 짜다가
힘주어 짜 내는 것이
생의 마지막 힘을 짜내고 있는
나와 비슷하구나 싶다
몇 번 더 짤 수 있을까...
치약은 거의 다 되었다고 해도
꽤 여러번 더 짤 수 있는데
내 삶은 얼마나 더 ~~~~~~
쓸데없는 생각일 뿐이다
주님이 허락하시는 동안
그 귀한 시간 동안 되도록 더 사랑 나누고
기쁘게 살아가는 게 중요한 일일 것이다
아~~~ 마지막 고통이 없기를...
기도드린다

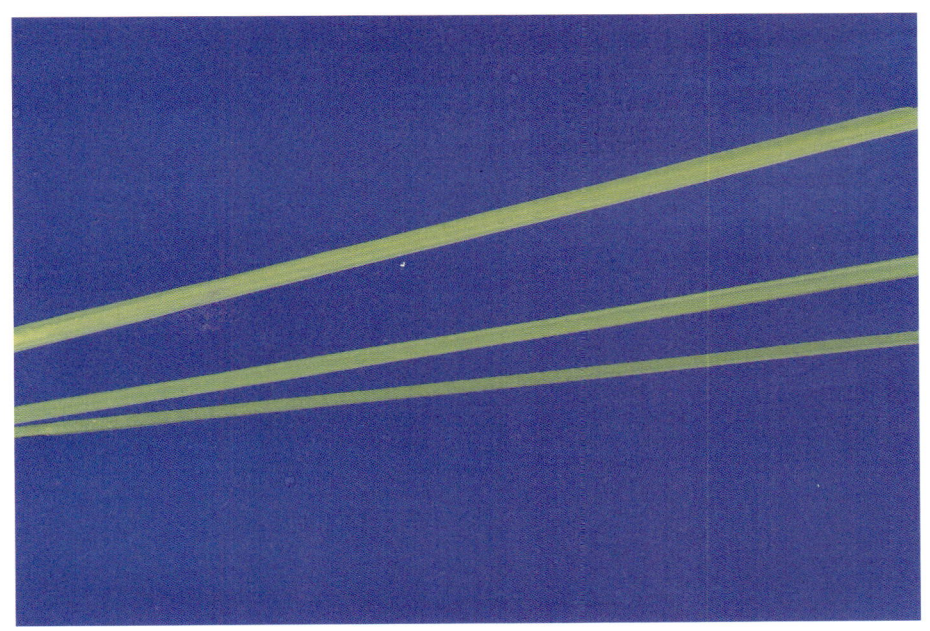

남은 시간들의 발자욱

새벽에 식탁등만 켜고 차를 마시며 보니
거실 테이블 위에 까만색 작은 잔 같은 게 보인다
저게 뭐지? 저렇게 작은 잔은 없는데
아무리 생각해도 알 수가 없다
어제 저녁 TV 보며 뭘 갖다 놓았지? 하며
일어나 가 보니 TV 리모콘이다 세상에!
완전히 □로 보이는 방향에서 본 것이다
순간, 사물도 그렇게 보일 수 있지만 살면서
생기는 일들도 한 방향에서만 볼 경우
사실과 완전히 다르게 볼 수 있겠구나 싶다
세상에서 일어나고 있는 일들도 전체적으로 보지 않고
한 면만 본다면 얼마나 무모한 것인지
그것에서 비롯된 잘못된 생각으로 행동과 결과가
얼마나 큰 파장을 일으키게 되는지
요즈음 우리나라를 보는 것 같다는 생각이 든다

새벽 6:30 응제와 출발, 길은 막히지 않고....
올림픽대로에서 보이는 북한산 봉우리가 선명하게 보인다.
언제봐도 멋있다. 손을 들어 엄지척을 해준다.
오늘 처음으로 항암주사 맞는 날
혈액 검사후 X-ray 찍고 오랜만에 우롱차와 샐러드로
아침먹고, 온갖 약 챙겨 먹고, 기다림의 시간이다.
선생님과 면담.
오늘부터 항암주사치료 시작. 병이 진행된 뒤, 선생님이
친절(?)하게 대해 주신다. 먹는 것 모두 익혀 먹으라는 설명...
이제부터 과일은 못 먹게 되는구나! 나의 큰 기쁨인데 ㅠㅠ
암병동으로 가 다시 자세한 설명 듣고 6층 항암 주사실로..
잠시 후 안내된 곳은 칸칸이 되어 있는 침대. 난 12번으로
바로 입구 쪽이다.
주사 맞으며 친구가 보내온 글을 읽고 기쁨이 솟아 오른다
프란치스코 교황님의 마지막 강론 부활절 미사 강론.

「그분을 찾아야 합니다. 삶 속에서, 우리 이웃의 얼굴 속에서
일상적인 일 속에서 무덤이 아닌 모든 곳에서 그분을 찾아야 합니다.
우리는 쉬지 않고 그분을 찾아야 합니다. 왜냐하면 그분께서
부활하셨기에, 이제 어디에나 현존하시며 우리 가운데 거하시고

우리가 만나는 형제자매들과의 길 위에서, 일상의 평범하고도
뜻밖의 순간들 속에서 당신 자신을 감추시기도 하고 드러내시기도
하시기 때문입니다.
그분은 살아계시며 항상 우리와 함께 하십니다.
부활은 우리를 행동하게 합니다. 막달레나와 제자들처럼
달려가도록 우리를 재촉합니다. "그 너머를 볼 수 있는" 눈을 가지도록
우리를 초대합니다.」

산책을 해도 되느냐고 물으니 너무 오래 있지만 말라고 한다.
응제와 6층 문을 열고 나가니 딴 세상이 펼쳐져 있다.
초록빛 정원, 쏟아지는 햇살, 노오란 씀바귀꽃들이 바람에
하늘거린다. 곳곳에 라일락이 있어 향기가 난다 얼마나 감사한지!
기쁨으로 웃음이 저절로 나온다. 어머 어머, 여기 못난이 3형제도 있네.
햇볕에 돌아다니니 응제는 얼굴이 까맣게 될 거라고 걱정을 한다.
절대로 벗겨지지 않는다고 선생님이 그랬으니 걱정할 만하다.
어쨋든 나는 이 기쁨을 만끽해야 했다. 이 병원에 이런 보물같은 공간이 있다니!
AI가 조제한 항암주사액은 조금 늦게 도착했다.
주사를 다 맞고 집에 오니 4시다. 씻고 점심먹고.
그래도 마음이 기쁘니 지치지 않는다.

「마리아 막달레나처럼 우리는 매일 주님을 잃는 듯한
경험을 할 수도 있지만, 매일 다시 그분을 찾아 달려갈 수도 있습니다.
그분께서는 반드시 당신을 찾는 이들에게 당신을 발견하게
해주실 것이며 당신 부활의 빛으로 우리를 가득 채워
주실 것입니다」

「주님과 함께라면 모든 것이 새로워집니다. 주님과 함께라면 모든 것이
다시 시작됩니다」

남은 시간들의 발자욱

6시 반 출발, 벌써 해가 눈부시다.
북한산 봉우리는 잠겨 있고 이팝나무들이 활짝 피어 올림픽대로가 백색축제 중이다.
병원 도착 엘리베이터를 타고 올라가는 중 편의점에서 라면을 쭈욱 뽑아 올리며 먹고 있는 모습에 넘 먹고 싶은 충동이 인다. 한 젓가락만이라도 먹어 봤으면!
X-RAY 찍기 전 TV 화면에 비빔면 광고가 나온다.
오늘은 라면의 유혹에 시달리는구나. ㅠㅠ
얼큰한 게 땡기긴 한다. 그러나 속에 나쁘니 참는다.
모든 걸 삶아 먹으라고 하니 과일도 삶아 먹는다. 그래도 그런대로 먹을만하다.
파인애플은 더 맛있다. ㅎㅎ
진료 후 주사실로, 오늘은 침대는 다 찼고 안마의자같이 생긴 것만 가능하다고 한다.
침대를 기다리기보다 의자를 택한다.
기나긴 인내의 시간 음악 듣다가, 유튜브 보다가, 카톡 보고, 6층 야외정원으로...
햇살이 쏟아진다.
라일락은 다 졌지만 저기 산딸나무꽃이 활짝 피어 있다.
서둘러 가니 옆자리는 벌써 다른 사람들이 앉아 이야기중이다.
저쪽 가장자리로 가 앉는다.
아 참 좋~~~~다!
넘 좋~~~~다!

남은 시간들의 발자욱

그가 움직이지 않는다고

  천년이 만년이 지나도 미동도 않는다고
그가 표현하지 않는다고

  천년이 만년이 지나도 표현하지 않는다고
그 안에 따스함이 느껴지지 않는다고

  열정이, 소망이 없다고 말할 수 있을까?
차가운 겨울날 따스한 햇살과의 속삭임을
마냥 내리는 비를 맞으며 흘린 눈물을
쓸쓸한 가을밤 휘영청 밝은 보름달의 품에
안겼던 그 환희를 그들이
어찌 알 수 있으리오
끝없는 기다림 속에
한없는 그리움 안에 간직한 그 침묵을
한시도 조잘대지 않고는 못배기는 그들이
알 리가 없으리라, 알 리가 없으리라.

2025 2. 18.

남은 시간들의 발자욱

4시 30분 잠이 깬다. 서두른다 해도 5시 10분에야 어린이대공원으로 향한다.
비가 부슬부슬 온다. 그냥 맞으면 넘 달콤한 비, 그러나 지금 내가 기분만 생각할 일이 아니다.
대공원 안으로 들어가니 아카시아향이 진동한다.
심호흡을 한다. 기쁨도 들어온다. 감사 감사를 읊조리며 언덕을 내려가니 옹키가 나와 있다.
"옹키야 안녕?" 하고 인사하고 보니 동키가 저쪽에서 나를 보고 있다.
"동키야 안녕?" 하니 이쪽으로 오고 있다. 가까이 와서 나를 보고 기억나는 듯 눈을 맞춘다. 나는 넘 기뻐 손으로 하트를 그려주니 동키는 꼬리를 흔들며 좋아한다. 마음 속 기쁨이 솟고 동키도 좋아하고 한참을 머물다가 "안녕 잘 있어, 내일 봐" 하고 인사한다.
이제 본격적으로 걸어야지 하며 걷는데 때죽나무 꽃들이 땅에 떨어져 있다. 마침 우산주머니에 넣으면 상하지 않을 것 같아 조심조심 담는다. 조금 더 가니 또 있고 또 조금 담고, 또 가니 또 있고 또 담고, 어느새 주머니가 제법 찼다.
조금 더 걷다가 집에 와 내 도자기작품에 띄우니 두 개의 작품에 가득하다.
기쁨이 뿜! 뿜! 뿜! 뿜!

남은 시간들의 발자욱

참 행복

행복하여라, 마음이 가난한 사람들!
하늘나라가 그들의 것이다
행복하여라, 슬퍼하는 사람들!
그들은 위로를 받을 것이다.
행복하여라, 온유한 사람들!
그들은 땅을 차지할 것이다.
행복하여라, 의로움에 주리고 목마른 사람들
그들은 흡족해질 것이다
행복하여라 자비로운 사람들!
그들은 자비를 입을 것이다
행복하여라. 마음이 깨끗한 사람들
그들은 하느님을 볼 것이다
행복하여라, 평화를 이루는 사람들!
그들은 하느님의 자녀가 불릴 것이다
행복하여라, 의로움 때문에 박해를 받는 사람들!
하늘나라가 그들의 것이다.

-마태 5장 3절-

태양의 찬가

오 감미로워라 가난한 내 맘에
한 없이 샘솟는 정결한 사랑
오 감미로워라 나 외롭지 않고
온 세상 만물 향기와 빛으로
피조물의 기쁨 찬미하는 여기
지극히 작은 이 몸~ 있음을

오 아름다워라 저 하늘의 별들
형님인 태양과 누님인 달은
오 아름다워라 어머니신 땅과
과일과 꽃들 바람과 불
갖가지 생명 적시는 물결
이 모든 신비가 주 찬미 찬미로
사랑의 내 주님을 노래 부른다.

-성 프란치스코-

펴낸 날 2025년 7월 28일
펴낸 이 최이숙
펴낸 곳 도서출판 다니엘123
서울특별시 중구 퇴계로 31길 3, 203호
전화 (02)2265-1898 e-mail : hyunco431@naver.com

ISBN 978-89-97788-64-4

정가 15,000

Copyright 2025. 최이숙. All rights reserved.

* 잘못 만들어진 책은 바꿔 드립니다.